AF192685

EDGAR MORIN

De guerra en guerra

De 1914 a Ucrania

Ǝsenciales

De guerra en guerra

De 1914 a Ucrania

EDGAR MORIN

La versión original de este libro fue publicada en 2023,
bajo el título: *De guerre en guerre. De 1914 à l'Ukraine*

© 2023, Éditions de l'Aube
http://www.editionsdelaube.com

Editorial Popular, S.A., Madrid, 2024

C/ Leo, 7- local 2. Madrid 28007
Tel.: 91 409 35 73
E–Mail: popular@editorialpopular.com
www.editorialpopular.com

Diseño de portada: Andrés Pino
Traducción: Leydi Casas

I.S.B.N.: 978-84-7884-965-9
Depósito Legal: M-4502-2024
Imprime: Cooperación Editorial, S.L.

"La guerra en Ucrania avivó en mí los terribles recuerdos de la Segunda Guerra Mundial.

La destrucción masiva, las ciudades arrasadas y asoladas, lo que quedaba de las edificaciones destrozadas, las incontables muertes de militares y civiles, la avalancha de refugiados...

Reviví los crímenes de guerra, el maniqueísmo absoluto y la propaganda engañosa.

Y vinieron a mi mente los rasgos comunes a todas las guerras que he conocido, la de Argelia, Yugoslavia o Irak. La misma criminalización no solo del ejército, sino del pueblo enemigo, los mismos delirios, los mismos errores e ilusiones siempre renovados, la irrupción de lo imprevisto siempre sorprendente y luego rápidamente trivializado.

He escrito este texto para que lecciones como estas, de ochenta años de historia, puedan servirnos para afrontar el presente con total lucidez, para comprender la urgente necesidad de trabajar por la paz en aras de evitar la peor de las tragedias: que estalle una nueva guerra mundial."

Índice

DE GUERRA EN GUERRA

———

El primer bombardeo aéreo que infundió terror en Europa fue cuando la Luftwaffe arrasó Róterdam en mayo de 1940. Le siguieron los bombardeos de Londres en el verano de 1940, que se detuvieron tras la heroica resistencia de la Royal Air Force.

Más tarde comenzaron los bombardeos aliados sobre las ciudades alemanas.

Como en ese momento era oficial del estado mayor del 1er Ejército, comandado por de Lattre de Tassigny, fui enviado poco después a Pforzheim, donde me invadió un horror que rápidamente reprimí, diciendo para mis adentros: "Esto es la guerra".

En efecto, en febrero de 1945, tres meses antes de la capitulación de una Alemania derrotada, la pequeña ciudad de Pforzheim quedó destruida hasta sus cimientos debido a una incursión aérea de trescientos sesenta y siete bombarderos de la Royal Air Force. Habían demolido el ochenta y tres por ciento de sus edificaciones, un tercio de su población fue asesinada, el equivalente a diecisiete mil civiles, además del mismo número de heridos.

Poco después supe que Karlsruhe y Mannheim habían quedado completamente devastados por los bombardeos americanos, al igual que Hamburgo, igualmente asolado, y por último Berlín, que atravesé de lado a lado en junio de 1945, presenciando por doquier las ruinas que habían dejado las bombas estadounidenses y los lanzamientos masivos de proyectiles de la artillería soviética.

Luego supe que entre el 13 y el 14 de febrero de ese mismo año, mil trescientos bombarderos ingleses y estadounidenses habían destruido la ciudad desmilitarizada de Dresde, arrojando sobre ella dos mil cuatrocientas treinta toneladas de bombas incendiarias y dejando a su paso, según cifras de la Cruz Roja, más de trescientos mil muertos.

Todo esto me provocaba una gran conmoción, pero el horror del nazismo y sus abominables actos en los países ocupados, sobre todo en la URSS, nos ocultaba, a quienes pertenecíamos a la resistencia antinazi, la hecatombe que provocaban las incursiones terroristas entre la población civil, que destruían ciudades enteras, donde los que morían eran sobre todo las mujeres, niños y ancianos, más que los mismos combatientes. A esto hay que añadir que, durante el desembarco aliado en Normandía, el sesenta por ciento de las muertes de civiles en Normandía se debieron a los bombardeos de la parte libertadora.

Fue mucho más tarde, después de la invasión de Ucrania, cuando fui consciente de la barbarie de los bombardeos que se llevaron a cabo en nombre de la civilización contra la barbarie nazi.

Cuando veo cómo las generaciones que no han vivido la guerra se horrorizan con razón al ver las imágenes televisivas que muestran las viviendas arrasadas y los civiles asesinados en Ucrania, no puedo evitar recordar la destrucción aún más masiva y las masacres que cometieron nuestros pueblos, sobre todo los estadounidenses.

El Tribunal de Nuremberg (1945-1946) condenó el hitlerismo e instituyó el concepto novedoso en el plano jurídico de "crimen de guerra".

El concepto de crimen de guerra, que seguía siendo impreciso (violación del derecho internacional humanitario –establecido por tratado o derecho consuetudinario– cuyos autores incurren en una responsabilidad penal personal en virtud del derecho internacional), fue precisado por David Van Reybrouck en su libro *Revolusi*[1], según tres criterios: ocasional, estructural o sistémico.

---

1 David van Reybrouk, *Revolusi. L'Indonésie et la naissance du monde moderne*, traducido del neerlandés de Bélgica por Isabelle

Los crímenes de guerra ocasionales son las lesiones causadas por medio de la tortura, los asesinatos que cometen individuos o grupos militares sin que lo ordene la comandancia.

Los crímenes de guerra estructurales son los crímenes y actos de violencia que deciden los oficiales o generales.

Los crímenes de guerra sistémicos forman parte de la estrategia militar de un gobierno en estado de guerra, siendo este último el que toma la decisión inicial.

Todos estos son tipos de delitos que se cometen en contra de civiles o soldados desarmados.

Es evidente que, durante la Segunda Guerra Mundial, los crímenes de guerra perpetrados por la Alemania nazi contra judíos, gitanos y la población civil, a quienes tomaban como rehenes para luego fusilarlos, fueron tanto sistemáticos, como estructurales y ocasionales, consti-

---

Rosselin, Arles, Actes Sud, 2022 [2020]. Edición en español: *Revolución. Indonesia y el nacimiento del mundo moderno*. Ed. Taurus, Madrid, 2022.

tuyendo la primera y principal criminalidad de esta guerra. Sin embargo, no podemos evitar pensar que los bombardeos masivos de las ciudades alemanas y de su población civil, sin que constituyeran un objetivo militar preciso, se pueden considerar, en retrospectiva, crímenes de guerra sistémicos.

Ciertamente, el nazismo fue criminal por su naturaleza racista y despótica –con todos sus opositores incluso dentro del mismo pueblo alemán– lo cual no sucedió con las democracias aliadas, por más que hayan cometido, durante sus conquistas coloniales y la represión de los pueblos colonizados, lo que hoy deberíamos catalogar, *a posteriori*, como "crímenes de guerra".

Aunque el nazismo se había juzgado y condenado adecuadamente en los juicios de Nuremberg, este eclipsaba *ipso facto* los crímenes del estalinismo, sobre todo porque uno de los fiscales de este tribunal era Andrei Vychinski, quien antes había sido fiscal durante los juicios de Moscú de 1935 a 1937, y que había condenado no solo a muerte, sino también a la abyección, a las víctimas inocentes de sus falsas acusaciones de traición y espionaje.

La URSS era un régimen forjado con mentiras, gulags y asesinatos, pero fue el primer país en ayudar a liberar a Europa del nazismo; por esto Vassili Grossman dijo acertadamente que Stalingrado había sido "la mayor victoria y la mayor derrota de la humanidad"[2].

Al igual que encubrimos la barbarie de los bombardeos americanos, encubrimos la barbarie del estalinismo: el horror de los campos de Hitler que descubrimos *in situ* nos impidió ver o nos hizo ignorar la del gulag soviético.

Libramos una guerra contra un sistema atroz, pero yo era de los que creía que los crímenes de Stalin eran cosa del pasado y que la URSS se encaminaba a un futuro radiante. Todos los entusiastas de las victorias de la URSS

2 Vassili Grossman, *Vie et destin*, traducido del ruso por Alexis Berelowitch y Anne Coldefy-Faucard, Lausanne, L'Âge d'Homme, 1980 [finalizado en 1962]. Edición en español: *Vida y destino*. Galaxia Gutemberg, Barcelona, 2023.

habíamos olvidado lo que había significado el pacto germano-soviético de 1939, que condujo al desmembramiento de Polonia.

Tuvieron que pasar años, y hasta décadas, para que quedara claro que, por muy justa que fuera la resistencia al nazismo, la Guerra del Bien contenía Maldad en sí misma.

Aunque es cierto que existieron, sobre todo, las masacres racistas de millones de judíos y muchos otros crímenes, también es cierto que la aviación aliada aniquiló indiscriminadamente, desde una altura de tres mil metros, a cientos de miles de civiles.

Fueron muchas las atrocidades perpetradas durante la Segunda Guerra Mundial, también por parte de los aliados: se cometieron incontables violaciones y asesinatos de civiles incluso por el propio grupo expedicionario del general Juin en Italia. (Recuerdo que después de nuestra victoria, mi amigo Jules me invitó a que fuera con él a hacer "algunas fechorías" en nuestra zona de ocupación... a lo que me negué.)

Por último, no podemos olvidar que Francia, inmediatamente liberada de la opresión, reprimió sangrientamente las ansias de libertad del pueblo argelino, llevando a cabo la masacre de Sétif, ¡que dejó cuarenta y cinco mil muertos entre mayo y junio de 1945!

HISTERIA BELICISTA

Quiero mencionar también la histeria belicista, virulenta desde 1914 a 1918, durante los cuales se produjo una avalancha de odio aparentemente irrefrenable entre franceses y alemanes, odios poco apaciguados en lo sucesivo y que se volvieron violentos en la Segunda Guerra Mundial. Afortunadamente, los ánimos se calmaron más adelante. La histeria belicista tiene mucho que ver con la noción misma de histeria: la conversión de un síntoma mental o imaginario en un hecho fehaciente de la realidad.

La histeria belicista entre 1914 y 1918 se había desatado por el odio al enemigo y su total criminalización, por la certeza de todos los crímenes que se le atribuían, por la justificación y glorificación de las hazañas de sus propios ejércitos, por el encubrimiento de la realidad atroz de la guerra de trincheras.

Durante esta guerra de 1914 a 1918, *Le Canard Enchaîné*[3] denominó "lavado de cerebro" a la propaganda de una falsa realidad, que camuflaba o disfrazaba la terrible realidad, publicando solo los puntos de vista, los comunicados de prensa y los discursos de su parte aliada, e ignorando por completo el punto de vista del enemigo.

Sin embargo, esto no sucedió durante la ocupación alemana, porque durante esos cinco años recibíamos con escepticismo las palabras e imágenes de la propaganda de la ocupación en nuestra prensa nacional. De hecho, escuchando Radio Londres, podíamos constatar clandestinamente la veracidad de lo que realmente estaba ocurriendo.

---

3 *Le Canard enchaîné* es un periódico satírico francés que se publica los miércoles, con una tirada de 446.000 ejemplares. Fundado en 1915 por Maurice y Jeanne Maréchal, es uno de los periódicos más antiguos de la prensa francesa actual. (N. de la Ed.)

MENTIRAS DE GUERRA

Las mentiras de guerra son uno de los aspectos más odiosos de la propaganda belicista, y la peor mentira de todas es cuando se atribuyen los propios crímenes al enemigo.

En mayo de 1941, por orden de Stalin, varios miles de oficiales y soldados polacos fueron masacrados en Katyń, en la Polonia ocupada por la URSS. Los alemanes descubrieron la fosa común en 1943 y denunciaron este crimen soviético. La URSS insistió obstinadamente en culpar a los nazis. En el otoño de 1944, mientras me preparaba para una exposición cuyo nombre sería "Los crímenes de Hitler", la embajada soviética me entregó un grueso folleto que recopilaba los testimonios de algunos campesinos que vivían cerca de Katyń, quienes confesaban haber visto a los alemanes cometer la matanza. No fue hasta 1956, después de mi viaje durante el Octubre polaco, cuando mis amigos de Varsovia me informaron de la verdad aún no oficial, que más tarde fue revelada durante el mandato de Gorbachov, al publicar la orden de la matanza firmada por Stalin.

Sucedió lo mismo con la guerra bacteriológica que Estados Unidos atribuyó a China durante la guerra de Corea. Las autoridades chinas invitaron a algunos científicos extranjeros y les mostraron bajo el microscopio enjambres de microbios, con lo cual una parte de la opinión mundial quedó convencida. Mi amigo húngaro, que había escrito un libro traducido en numerosos países sobre este crimen americano, supo por sus informantes chinos, una vez finalizada la guerra, que debía retirar esa acusación.

De hecho, cualquier guerra, incluida la actual, fomenta mentiras de guerra de diversas proporciones.

Rusia ha dicho enormes mentiras, pero Ucrania ha mentido culpando a Rusia de la explosión provocada por un misil ucraniano en un pueblo polaco, que si no fue disparado por error, seguro tenía la intención de involucrar a Occidente directamente en la guerra. Las atrocidades del régimen de Putin fustigan no solo a los ucranianos, sino también a los rusos.

ESPIONAJE

———

La histeria belicista incita al espionaje, o lo que es lo mismo, a la convicción de que nuestro bando está plagado de agentes a sueldo del enemigo, y esto se traduce en una desconfianza obsesiva que hace ver sospechosos por todas partes.

Esta es la razón por la cual, durante la invasión alemana en 1940, muchos estábamos convencidos de que las fuerzas armadas alemanas habían sido precedidas por espías de la "Quinta columna" que pululaban en los poblados que aún no habíamos ocupado.

Un valiente hombre de Toulouse me confesó haber desenmascarado y detenido a cinco traidores por haber respondido positivamente al preguntarles: "Son buenos en lo que hacen, ¿eh?". Cuando me hizo la misma pregunta, por fortuna tuve el tino de responder: "Más bien somos nosotros los débiles", tras lo cual me exoneró amablemente.

LA CRIMINALIZACIÓN
DEL PUEBLO ENEMIGO

———

La histeria belicista se manifiesta sobre todo por medio de estallidos de odio, que transforma al enemigo en criminal y promulga la responsabilidad colectiva, o sea, la criminalidad colectiva, no solo la de todos los ejércitos enemigos, aunque se trate de un crimen individual o algún escuadrón militar, sino la del pueblo enemigo en su conjunto, a quien se les culpa por los crímenes de sus líderes. Por este motivo al pueblo alemán se le ha considerado culpable de los crímenes nazis.

El odio incluso a la cultura del pueblo enemigo ha sido uno de los rasgos más representativos de la Alemania nazi. Las canciones francesas, las melodías rusas, las expresiones artísticas de los países que se consideraban decadentes, fueron prohibidas.

Fui uno de los pocos que se negó a la criminalización colectiva del pueblo alemán, pese a que era parte de la Resistencia. Siempre elaboraba panfletos antinazis, nunca antialemanes o antigermanos.

Considero admirables las últimas palabras de Jacques Decour, combatiente de la Resistencia comunista y traductor del escritor alemán Hans Carossa, al ser fusilado por los nazis: "Tontos, es por vosotros que muero"; así como las de Jean-Pierre Timbaud, fusilado en Châteaubriant: "¡Viva el Partido comunista alemán!".

La responsabilidad y, peor aún, la criminalización colectivas son características propias de la histeria belicista. Hemos sido testigo de ellas recientemente cuando los yihadistas han justificado sus asesinatos de mujeres y niños franceses por considerarlos responsables de los bombardeos occidentales que provocaron la muerte de civiles árabes en el Medio Oriente.

Lamentablemente, una proporción significativa de las poblaciones bajo el influjo de la propaganda belicista, que difunden funcionarios y medios de comunicación, cree ciegamente las mentiras más burdas y como resultado se deja llevar por el odio.

Por otra parte, este es un rasgo que perdura más allá de la guerra: es característico del fanatismo en tiempos de paz.

Este fue el motivo por el cual, la fe en la URSS, por ejemplo, convenció a los comunistas de todo el mundo de que los acusados de los juicios en Moscú, Praga, Budapest, Sofía y los antiguos líderes comunistas, eran traidores y espías.

El término tan estúpido como despreciable de Hitler-trotskista fue una revelación para millones de crédulos, y el asesinato de Trotsky fue considerado un acto de justicia.

Los soldados que en la guerra se sienten poseídos por el odio al enemigo son quienes no dudan en asesinar cobardemente a un civil pa-

cífico o, si fuesen oficiales, dan la orden de eje-
cutarlos.

A esto añadamos la euforia al conquistar una
ciudad o un pueblo, que desata una oleada no
solo de hurtos y saqueos, sino también de violaciones y muertes.

Los soviéticos se dedicaron sistemática y fre-
néticamente a las violaciones en la Alemania
conquistada, y muchas personas, entre las que
me cuento por más que hoy lo lamente, conside-
raron como inevitable esta avalancha de violaciones, por considerarlas un acto de venganza como
consecuencia de las atrocidades que habían cometido durante la ocupación las fuerzas armadas
alemanas y las Escuadras de Protección (SS).

La histeria belicista multiplica por sí misma
los crímenes de guerra, es decir, el principal
objetivo del bombardeo de ciudades, donde no
existían ni tropas ni infraestructuras militares,
era la destrucción de edificios civiles, especialmente hospitales y escuelas, el bombardeo sobre hogares o civiles, la crueldad infligida a pri-
sioneros y heridos, la ejecución de rehenes.

La magnitud de los crímenes de guerra cometidos por los *Einsatzgruppen*, las Escuadras de Protección (SS) y las fuerzas armadas alemanas (Wehrmacht) en la URSS es inmensa. Sin embargo, e insisto, el bombardeo sistemático de ciudades alemanas, especialmente por parte de las fuerzas aéreas estadounidenses y británicas, se puede catalogar, retrospectivamente, como crímenes de guerra.

Algunas guerras son más cruentas que otras, como la que libró la Alemania nazi contra la URSS, o la invasión rusa de Ucrania, pero cualquier guerra, por su propia naturaleza, por la histeria que demuestran tanto los gobiernos como los medios de comunicación, por la propaganda unilateral y a menudo engañosa, implica en sí misma una criminalidad que va más allá de la acción estrictamente militar.

Hemos visto que en Bosnia, musulmanes, ortodoxos y católicos han coexistido pacíficamente durante siglos, y que la secularización propia del titoísmo hizo posible muchos matrimonios mixtos y fraternidades amistosas. Sin embargo, ¡la guerra de Yugoslavia destruyó irrevocablemente este gran tejido común e incubó odios fratricidas!

En los llamados tiempos normales, lo que predomina es sobre todo el conocimiento compartimentado y descontextualizado. Cuando impera la histeria fanática o la histeria belicista, esta prevalece y provoca el desprecio por cualquier conocimiento complejo, impidiendo así la contextualización.

Mientras escribo estas líneas, la guerra en Ucrania, con consecuencias globales tanto económicas como políticas, se convierte en la reaparición, aún local y reducida, de una nueva guerra mundial, causante de innumerables crímenes de guerra, no solo ocasionales, sino también estructurales de ambas partes y sistémicos por parte del invasor.

Actualmente estamos presenciando casos de espionaje en Rusia, pero también en Ucrania, que han conllevado a arrestos... o peor.

Por eso considero que lo más preocupante es el odio extremo que difunde la propaganda rusa, que suele trasmutar a los ucranianos en nazis, generalizando erróneamente la colaboración concreta del movimiento independentista ucraniano de Stepan Bandera como parte de las ignominias, incluyendo en particular los asesinatos en masa de judíos cometidos durante la ocupación de Ucrania por las fuerzas armadas alemanas.

Sabemos que el odio belicista ha permitido a las autoridades rusas propagar el mito de la nazificación de Ucrania, pero ignoramos hasta qué punto esto convence al pueblo ruso. Sabemos muy poco sobre las consecuencias que el odio belicista ha provocado en Ucrania, pero la prohibición de la literatura rusa, Pushkin, Tolstoi, Dostoievski, Chéjov y Solzhenitsyn, así como la música de compositores rusos, es una señal de alarma de odio belicista, no solo contra un pueblo, sino también contra su cultura.

Por otra parte, una gran cantidad de vínculos matrimoniales, amorosos y de amistad se habían forjado entre rusos y ucranianos. ¿Se habrán disuelto para siempre? Aunque nos mantengamos al margen de la guerra en Ucrania y queramos mantenernos así, los medios de comunicación franceses solo nos transmiten las informaciones de origen ucraniano y, en consecuencia, omiten toda contextualización del conflicto.

Nos imponen una propaganda belicista que nos hace odiar a Rusia y admirar incondicionalmente todo lo que sea ucraniano, enmascarando todo contexto, como el de la guerra ininterrumpida desde 2014 entre Ucrania y los países irredentistas de habla rusa, así como el papel de los Estados Unidos, que algún día tendremos que examinar como historiadores.

La característica más notable de la histeria belicista y de las convicciones no liberales que esta ha suscitado desde el comienzo de la guerra en Ucrania, es que pese a todo nos mantenemos en paz, sin peligro para nuestras vidas, y que así queremos mantenernos, aunque sigamos siendo defensores extremistas de la causa de los ucranianos.

LA RADICALIZACIÓN DE LOS CONFLICTOS

Antes de intentar contextualizar desde un punto de vista histórico esta nueva guerra, que no se asemeja a ninguna otra, necesito recordar mi experiencia de antiguas radicalizaciones que desataron las peores atrocidades y condujeron a los más trágicos desenlaces.

Durante la Segunda Guerra Mundial, por ejemplo, aunque la "solución final" para los judíos europeos resultaba potencialmente genocida y aunque la Alemania nazi había cometido, desde la invasión a Rusia, masacres masivas de judíos, como la de Babi Yar en Ucrania, donde se contaron más de treinta y tres mil personas asesinadas el 29 y 30 de septiembre de 1941, la decisión de exterminar a todos los judíos del continente fue tomada en enero de 1942, después de la primera derrota alemana ante Moscú y la intervención de Estados Unidos en la guerra contra Alemania (ambas en diciembre de 1941). Por primera vez, Hitler preveía una posible derrota y decidía eliminar el "peligro" de que los judíos pudieran salir victoriosos de la guerra.

Las deportaciones masivas de judíos europeos comenzaron después de la construcción de los campos de exterminio en la Polonia ocupada en la primavera de 1942; la matanza masiva continuó hasta el desmantelamiento de los campos.

También es probable que la implacable resistencia de las tropas alemanas en todos los frentes haya sido lo que contribuyó a que la Fuerza Aérea Británica y la estadounidense intensificaran los bombardeos aéreos sobre las ciudades alemanas.

Desde el principio de la guerra, Alemania y Estados Unidos trataron de producir armas de destrucción masiva. Alemania fue incapaz de producir una bomba atómica, pero pudo lanzar, en los últimos meses de la guerra, sus mortales

cohetes V1 y V2 sobre Londres, sin otro resultado que provocar más muerte y desolación.

Estados Unidos se embarcó en el Proyecto
Manhattan y dispuso de armas nucleares tras
la victoria sobre Alemania: armas que utilizó
sobre dos grandes ciudades japonesas, tras los
combates de una violencia sin precedentes en
Okinawa.

Los centenares de miles de víctimas provocaron la capitulación de Japón. El único que com-
prendió el significado histórico de esta gigantesca masacre fue Albert Camus.

La difusión de las armas nucleares por todo
el mundo fue consecuencia de la radicalización
característica de la Guerra fría.

Se sucedieron dos de las catástrofes más evi-
dentes que ha causado la radicalización de un
conflicto: la guerra de Argelia y la guerra de Yugoslavia.

Fue la negación histórica de Francia, en particular del Frente Popular y sobre todo tras la
victoria sobre Alemania, a acceder a las aspira-

ciones argelinas expresadas de forma modera-
da por Ferhat Abbas, de forma independentista
por Messali Hadj y su movimiento (constantemente disuelto y reconstituido bajo el nombre
de MNA, Movimiento Nacional Argelino), lo
que hizo estallar, en noviembre de 1954, la insurrección del CRUA (Comité Revolucionario
de Unidad y de Acción), formado por mesalistas
disidentes, que se habían agrupado en el FLN
(Frente de Liberación Nacional), y que, tras la
negativa de Messali a incorporar su MNA al
FLN, inició una guerra civil interna dentro de
la guerra de independencia, deshaciéndose físi-
camente de los maquis mesalistas en Argelia y
después de los militantes mesalistas en Francia.
Esta primera radicalización interna consolidó
las tendencias totalitarias del FLN, que no solo
reivindicó su derecho a ser el único representan-
te del pueblo argelino, sino que también resol-
vió sus desavenencias internas por medio de la
violencia, como el asesinato de uno de sus más
eminentes líderes, Abane Ramdane.

Al llegar al poder, después de las elecciones francesas de 1956, el gobierno socialista de Guy Mollet tras dos años de guerra, creó un clima favorable para las negociaciones con el FLN. En cambio, por temor a las reacciones de los pies-negros y del ejército, Guy Mollet y su emisario en Argelia, Robert Lacoste, intensificaron la guerra.

Se sabía de ataques indiscriminados y asesinatos por parte del FLN, incluso de argelinos mesalistas (continuaron en particular con la masacre de Melouza en 1957), así como de ejecuciones y torturas sistemáticas por parte del ejército francés, e incursiones para infundir terror durante la batalla de Argel en 1957.

La radicalización de la guerra condujo al golpe de Estado de los generales franceses en 1958, la muerte de la IV República y la llegada del general De Gaulle al poder. Pero en cuanto el general inició las negociaciones con el FLN, hubo un segundo golpe de Estado para derrocarlo e instaurar una dictadura militar en Francia. El talento de De Gaulle fracasó, pero las consecuencias secundarias fueron los atentados de la OAS en Francia y la aparición amenazante del partido de Le Pen. La principal consecuencia fue evitar una dictadura como la de Franco o Pinochet.

Las repercusiones de la radicalización fueron trágicas en Argelia, donde se instauró una dictadura semitotalitaria que, al atenuarse, conllevó a la victoria islamista en las elecciones, que al ser anuladas por el FLN, desencadenó la insurrección islamista del FIS (Frente Islámico de Salvación), que desembocó en una guerra civil atroz y el retorno de la dictadura del FLN.

La guerra de Yugoslavia (1991-1995), que duró casi tanto como las dos guerras mundiales, fue una tragedia por su carácter fratricida y, sobre todo, por la radicalización que convirtió en enemigos a vecinos, amigos y parientes, exaltó los hipernacionalismos en serbios y croatas, además de provocar un retorno de la religión entre los musulmanes bosnios. Los desastres que provocaron tanto odio y asesinatos permanecieron después de la paz forzada tras la intervención americana... y perduran hasta nuestros días.

Yugoslavia reagrupaba a pueblos eslavos que compartían el mismo origen y la misma lengua, pero que habían sido separados a siglos de distancia por un destino histórico multisecular:

- Serbia, que se había convertido a la ortodoxia, sufrió bajo la dominación del Imperio Otomano hasta su autonomía (1830) e independencia (1878);
- Croacia se hizo católica y se anexó al Imperio austríaco hasta el final de la Primera Guerra Mundial;
- Bosnia-Herzegovina, donde una parte de los eslavos se había convertido al Islam bajo el imperio otomano, había sido conquistada y anexionada por Austria en 1908. Es una provincia multirreligiosa con una mayoría musulmana y en gran parte secularizada bajo el régimen de Tito.

Yugoslavia, formada tras la Primera Guerra Mundial, se someterá al gobierno de una monarquía serbia.

No relataré los episodios que llevaron a su desintegración bajo la ocupación alemana y luego a su reestructuración bajo la égida del partido comunista de Tito. Yugoslavia, que en principio era federal, después de Tito quedó destruida por la secesión de Eslovenia que obtuvo su independencia, y de Croacia, a la que le fue negada. El ejército yugoslavo bajo el control serbio asedia y destruye la ciudad de Vukovar: la guerra estalla en 1991. Bosnia proclama su independencia en 1992 y es invadida por el ejército serbio. Su capital, Sarajevo, desde ese momento sufrió un asedio de cuatro años.

La Unión Europea hubiera podido, y debido, evitar o detener esta guerra, pero Alemania ayudó encubiertamente a Croacia, y Francia a Serbia, su histórico aliado en 1914-1918. En cuatro años, una nación con el mismo idioma, el mismo equipo de fútbol, donde existía una enorme cantidad de matrimonios mixtos, se desmoronó por completo, los estallidos de odio conllevaron a exterminios y deportaciones masivas dentro de la población. La masacre más atroz fue sin lugar a dudas la de Srebrenica, donde el general serbio Mladić ordenó la ejecución de siete mil habitantes de la ciudad.

La paz impuesta dejó irreconciliables e incapaces de comunicarse durante mucho tiempo a las nuevas naciones de Serbia, Croacia, Eslovenia y Bosnia, que a su vez estaba dividida en Bosnia musulmana y Bosnia serbia. Es obvio que si la guerra se hubiera evitado desde el principio, no se habría producido semejante desastre histórico.

Por último, ¿cómo no mencionar el conflicto palestino-israelí? Está claro que este comenzó con la introducción y desarrollo de una colonia sionista en tierra árabe; luego, tras la división de Palestina por la ONU y la creación del Estado de Israel, una coalición de los Estados árabes intentó eliminar este nuevo país por medio de una guerra que terminó con la victoria de Israel.

La Guerra de los Seis Días hizo posible que Israel se apoderara de toda Palestina, lo que dio lugar a las intifadas, es decir, a levantamientos y represión.

A pesar de una radicalización extrema, el conflicto palestino-israelí se hubiera podido solucionar con la presión de los Estados Unidos, cuando el Presidente Clinton había pedido a Rabin y Arafat que se dieran la mano en Washington, ya que los Acuerdos de Oslo de 1993 preveían, tras un proceso de cinco años, la formación de un Estado palestino. Pero el asesinato de Rabin a manos de un fanático israelí en noviembre de 1995, seguido del incremento de la colonización israelí de Cisjordania, la represión contra los palestinos, las rebeliones y los atentados de palestinos, más la retirada de los países árabes de la causa palestina, fueron hechos que condujeron a la integración total de Cisjordania a Israel y a que Palestina perdiera la esperanza de alcanzar su independencia.

Sin embargo, había dos soluciones, la primera, la de un Estado democrático único, fue descartada por la proclamación de Israel como Estado judío; la segunda, la de asociar ambas naciones, está en vías de ser eliminada.

De esta forma, de 1948 a 2022, la radicalización de un conflicto de setenta años ha convertido a Israel en un Estado hipernacionalista y colonizador, que disgrega a una parte de los palestinos en campamentos en el Líbano y Jordania, sometiendo a los de Cisjordania a la difícil situación de un pueblo colonizado cuyo gobierno colabora con el Estado ocupante.

Todos estos ejemplos muestran porqué me preocupa la guerra en Ucrania, cuyas consecuencias mundiales, que ya son considerables, pudieran llegar a ser enormes, o incluso podrían conducir a una guerra mundial.

Y es que la radicalización se intensifica cada vez más en esta guerra. El odio desenfrenado del agresor hacia el agredido que resiste, y del agredido contra el agresor, ha excitado el nacionalismo ruso, exacerbado el despotismo de Putin y ha hecho que en Ucrania se rechace la lengua rusa que comparten los ucranianos, pero sobre todo, la cultura rusa en su conjunto.

En septiembre de 2022, Putin redefinió esta guerra como una guerra contra Occidente, Zelensky declaró abiertamente su negativa absoluta a negociar con Putin, mientras que los Estados Unidos no solo pretenden liberar a Ucrania, sino debilitar permanentemente a Rusia.

Nuestros medios de comunicación nos muestran un solo imperialismo, el ruso, que pretende reconstituir la Gran Rusia; pero enmudecen ante el otro imperialismo que interfiere por doquier en todo el mundo, a menudo no respetando, como Rusia en Ucrania, las convenciones internacionales.

LAS SORPRESAS DE LO INESPERADO

———

Examinando con detenimiento el siglo pasado y lo que ha transcurrido del siglo presente, puedo decir con certeza que todos los grandes acontecimientos han sido inesperados.

Sucedió con el estallido de la Primera Guerra Mundial, consecuencias concatenadas del atentado de un fanático serbio contra un archiduque austriaco en Sarajevo, seguido de la revolución en la Rusia zarista, que llevó a los bolcheviques al poder en octubre de 1917, seguida de la victoria de la URSS, después de la instauración del fascismo en Italia en 1922 y la crisis económica mundial de 1929. Más tarde, la llegada legal al gobierno de un pequeño partido extremista que todos en Alemania juzgaban sin futuro y al que

ningún politólogo habría augurado victoria o
éxito económico por considerarlo imposible,
más la instauración de un régimen nacional socialista totalitario en Alemania...

También fue inesperado el golpe militar que
condujo a la Guerra Civil española en 1936, im-
predecibles fueron los juicios de Moscú que, de
1935 a 1937, condenaron como traidores y espías a casi todos los líderes de la Revolución soviética, insensato el culto que se le hizo al Duce,
al Führer y a Stalin, el Pequeño Padre de los
pueblos, que suscitaron un fervor inaudito.

Inconcebible fue el pacto germano-soviético
de 1939, acordado entre dos enemigos mortales, además de ser inimaginable para Stalin la invasión de la URSS por su amigo Hitler.

Antes se había producido la repentina ocupación de Francia a través de Bélgica y las Árdenas, las malas decisiones del General Gamelin,
jefe de los ejércitos franceses, la sorprendente derrota que condujo al derrocamiento de la
Tercera República y a la instauración del régimen reaccionario de Vichy. Todo esto era im-

pensable antes del 10 de mayo de 1940, el día del ataque alemán.

Mientras que el dominio alemán sobre Europa parecía duradero y la victoria alemana en la URSS parecía posible en 1941, dos acontecimientos imprevisibles ocurrieron casi simultáneamente e invirtieron las probabilidades: la ofensiva de Zhukov a principios de diciembre –la primera victoria soviética después de tantas derrotas, liberando a Moscú del estado de sitio– y el inesperado ataque japonés a Pearl Harbour, que hizo tambalear a Estados Unidos en la guerra.

Aunque la derrota alemana se hizo cada vez más probable después de Stalingrado (1943) y del desembarco aliado en Normandía (junio de 1944), esta se postergó debido a algunos giros sorprendentes, como el intento fallido de atentado de von Stauffenberg contra Hitler (julio de 1944) y el asalto de von Rundstedt en las Árdenas (invierno de 1944-1945).

Un gran evento imprevisto en 1945 fue el arma atómica y su uso, que destruyó Hiroshima y Nagasaki.

Aunque la Guerra fría era previsible después del dominio de la URSS sobre las naciones que liberaba del nazismo para someterlas al estalinismo, hubo momentos inesperados como el bloqueo de Berlín (1948-1949) y la crisis de los misiles en Cuba (octubre de 1962), que presencié desde una cama de hospital en Nueva York.

Imprevisible fue el informe de Jruschov, que denunció los crímenes de Stalin en 1956, así como el levantamiento polaco de octubre, la revolución húngara y más tarde su feroz represión bajo el liderazgo del mismo Jruschov.

En 1989, fue inesperada la liberalización de la URSS bajo el liderazgo de su dirigente Gorbachov, al igual que su fracaso económico y el colapso de la URSS.

Echémosle un vistazo a la lista de imprevistos donde encontraremos a los terroristas islamistas de Al Qaeda, a quiénes los Estados Unidos apoyaron contra la URSS en Afganistán, los mismos que más tarde lograron llevar a cabo en territorio americano el atentado más sorprendente de la historia: la destrucción de las dos torres gemelas del World Trade Center en Nueva York, en 2001. Luego se desató en todo el mundo el Califato Islámico, que provocó agresiones inesperadas, en particular en Francia con la masacre de Niza en 2016.

No olvidemos el descubrimiento inesperado de la degradación de la biosfera, anunciada en 1972 por el informe Meadows, como resultado del desarrollo tecnoeconómico desenfrenado en todo el planeta. La certeza de una posible tragedia ecológica mundial fue negada durante mucho tiempo, y no fue hasta la alerta climática en el verano de 2022 cuando fuimos capaces de tomarla un poco en cuenta.

Por último, en 2021, se produjo la enorme conmoción provocada por la pandemia de Covid-19, causante de una crisis política, económica y existencial inesperada para toda la humanidad.

A lo largo de este largo período de ochenta años, he podido comprobar la pertinencia de lo que he denominado la ecología de la acción: toda acción forma parte de un juego de interacciones y retroalimentaciones que pueden modificar el curso de la acción, hasta invertirlo y hacerlo caer nuevamente en la cabeza de su autor.

Incontables veces he presenciado cómo algunas decisiones se vuelven contra sus autores, desde la resolución francesa de no intervenir en la Guerra Civil española, los acuerdos de Munich, la declaración de guerra de 1939 (sin por eso atacar al enemigo), la decisión de Hitler de invadir la URSS, que condujo a su derrota y a su suicidio, la perestroika reformista de Gorbachov que condujo a la desintegración de la Unión Soviética, ¡hasta la determinación de Vladimir Putin de conquistar y esclavizar Ucrania!

EL ERROR Y LA ILUSIÓN

Muy a menudo, el error y la ilusión han reinado en la mente de los gobernantes y de los gobernados. Hubo una década de sonambulismo colectivo de 1930 a 1940, y la imposibilidad de creer en la ocupación de Francia y en una Segunda Guerra Mundial.

Durante los llamados Treinta Gloriosos de desarrollo económico hacia una sociedad de consumo, era impensable creer que los propios cimientos de nuestra civilización se vieran sacudidos, y que el desarrollo tecnoeconómico conduciría no solo a un subdesarrollo ético-político sino también a enormes crisis planetarias.

La degradación de la biosfera, incluyendo la antroposfera, que ya habían detectado en 1970 los pioneros científicos de la ecología, fue tanto ignorada como ocultada; y la conciencia ecológica, suprimida durante medio siglo, sigue siendo aún insuficiente.

La certeza de políticos y economistas de que el neoliberalismo era el causante de un crecimiento continuo era ilusoria; la pandemia mundial, que dio lugar a una crisis planetaria enorme y multidimensional, fue incomprendida, teniendo en cuenta que ha reinado un pensamiento mecanicista, lineal e incapaz de concebir la complejidad de los fenómenos.

Mientras nos felicitamos por haber ingresado a la sociedad del conocimiento, nos sumergimos en una ceguera tanto mayor cuanto más nos creemos poseedores de los medios apropiados del conocimiento.

Ignoramos que una nueva era comenzó en 1945 con la amenaza de muerte para la humanidad, que incentiva sin cesar la proliferación de armas nucleares, su sofisticación y su probable uso si el conflicto se siguiera agravando y la guerra en Ucrania se siguiera amplificando.

Hemos entrado en una crisis humanitaria sin acceder a la humanidad; pero no vemos todo el panorama, sino a lo sumo fragmentos del verdadero problema.

Y fue en estas condiciones en las que surgió la invasión rusa de Ucrania: no solo se reprodujeron los horrores y crímenes de las guerras anteriores, incluidos los de la Segunda Guerra Mundial, no solo sigue estando ausente la conciencia de lo inesperado, de lo imprevisible, del error y la ilusión, que nunca han dejado de convertirnos en marionetas inconscientes de la historia, sino que además surgieron nuevos horrores, nuevos errores, nuevas ilusiones, nuevas sorpresas y nuevos imprevistos.

Ahora se podrá comprender mi intención detrás de este recordatorio de las guerras que he vivido. Porque toda guerra implica criminalidad, en mayor o menor medida dependiendo de la naturaleza de los combatientes; siempre implican maniqueísmo, propaganda unilateral, histeria belicista, espionaje, mentiras, confección de armas cada vez más letales, errores e ilusiones, imprevistos y sorpresas..., y me parece esencial que tomemos en cuenta estas consideraciones a la hora de analizar la guerra actual: la guerra en Ucrania no escapa a la lógica de cualquier guerra que se libre entre adversarios decididos y tenaces.

Ahora debemos concebir lo que resulta simple: la invasión rusa de Ucrania, la oposición entre democracia occidental y despotismo ruso –y lo que resulta complejo– el contexto histórico y geopolítico.

LA CONTEXTUALIZACIÓN

No podemos separar la guerra entre invasor e invadido, entre Rusia y Ucrania, de sus contextos históricos y geopolíticos, ni tampoco *a fortiori*, de las relaciones entre Estados Unidos y Rusia.

Estados Unidos ha sido una potencia democrática desde su surgimiento, y Rusia ha sido una potencia despótica desde Moscovia, haciendo un paréntesis durante la época de Gorbachov, y una relativa libertad en los primeros años de Putin, que se fue reduciendo gradualmente hasta el extremo.

Una visión histórica más amplia nos muestra que Estados Unidos y Rusia tienen en común una colonización, no en tierras lejanas como

58

lo hicieron los portugueses y los españoles, los ingleses, franceses y holandeses, sino extendiendo su propio territorio en una continuidad continental –hasta el Oeste Pacífico en el caso de Estados Unidos y hasta el Pacífico Oriental en el caso de Rusia. Rusia se apoderó, incluso más al este, de regiones tártaras y turcas, luego de Siberia, con toda la brutalidad del colonialismo, sometiendo a lo siberianos.

Estados Unidos, en una "carrera desenfrenada hacia el Oeste" se apoderó de las tierras indígenas de su continente y conquistaron las colonias españolas, incluyendo California. Comenzaron su expansión en ultramar arrebatando a España Filipinas, Puerto Rico y Guam, y haciendo de Cuba, que había conquistado su independencia, su dependencia.

Los muy democráticos Estados Unidos exterminaron las naciones indígenas, respetando solo algunas pequeñas poblaciones étnicas (reservas), y se dedicaron a la esclavitud masiva de los Negros hasta 1865 (fin de la Guerra de Secesión); siguen manteniendo a los afroamericanos en un estatus inferior, que implica violencia, asesinatos, marginalización y desprecio. La misma visión compleja nos muestra que los muy democráticos Estados Unidos disponen de una Constitución ejemplar, garantizan las libertades civiles, ayudaron a liberar a Europa en dos ocasiones, lograron contener el expansionismo soviético y el del comunismo norcoreano y chino. No podemos ignorar tampoco su participación en los golpes de Estado en Guatemala, Chile y Argentina a favor de las dictaduras, la esclavitud económica y la subordinación política de los países latinoamericanos. También nos recuerda que los ejércitos estadounidenses arrasaron Vietnam, invadieron Irak por primera vez bajo el falso pretexto de que este Estado poseía armas nucleares, y luego una segunda vez desafiando el derecho internacional.

Una visión compleja muestra que la despótica Rusia zarista, que mantuvo la servidumbre hasta 1861, no fue quien llevó a cabo ni el exterminio de los pueblos indígenas conquistados en

Siberia, ni la esclavitud, pero nunca accedieron a la democracia ni a las libertades civiles.

La URSS no solo tenía bajo estricto protectorado a Polonia, Checoslovaquia, Rumanía y Bulgaria, sino que mantenía además bases político-militares en diversos continentes y una presencia cercana a los Estados Unidos en Cuba, estrechas relaciones con Vietnam y China, pese a una pausa de algunas décadas.

Fue durante la época de Gorbachov cuando los protectorados de Europa del Este se emanciparon, así como la región báltica (1991); y fue en la época de Yeltsin, quien quería restablecer una nación rusa independiente, cuando el imperio soviético se desintegró en su mayoría y cuando se liberaron Ucrania, Bielorrusia, Armenia, Azerbaiyán, Georgia, Kazajistán, Tayikistán, Turkmenistán, Uzbekistán y Kirguistán.

Aunque la URSS ha desaparecido, Rusia se ha convertido en una potencia imperial y cuenta con bases políticas, económicas y hasta militares en muchos países.

Estados Unidos, por su parte, cuenta con bases en todo el planeta y controla directa o indirectamente las naciones occidentales y algunas naciones asiáticas y africanas. Sigue siendo poseedor de una superioridad tecnológica y económica en todo el mundo, cuyos principales competidores son China y una Rusia que ha vuelto al ruedo del poder.

LA DIALÉCTICA DE LAS RELACIONES
ENTRE ESTADOS UNIDOS Y RUSIA

———

Mijaíl Gorbachov, este héroe de la humanidad que puso fin a la Guerra fría en nombre de la "casa común" que es la Tierra para todos los seres humanos, logró poner fin al sistema totalitario del que era responsable, pero fracasó económicamente y tuvo que afrontar la desintegración de la Unión Soviética bajo el mandato de Yeltsin. Tras aceptar la reunificación de Alemania, este había obtenido una promesa del Presidente Bush, pero solo verbal, de que Estados Unidos no ampliaría la OTAN.

En efecto, en 1990 comenzó una dialéctica infernal en la que cada uno de ambos socios se sentía amenazado y se volvieron amenazantes. Estados Unidos descartó todas las oportunidades de evitar la rivalidad y encontrar vías de cooperación. La actitud de Estados Unidos con Rusia, salvo algunas excepciones, fue fuertemente criticada desde dentro por Kissinger y Kennan.

Por un lado, las dos guerras especialmente violentas en Chechenia[4], llevadas a cabo por Rusia para conservar este territorio caucásico, llevaron a las antiguas democracias populares (Polonia, Hungría y la República Checa) a solicitar y obtener su admisión en la OTAN. La ampliación de la OTAN hasta Rusia y las bases estadounidenses en Alaska y Siberia durante la guerra de Afganistán constituyeron un "cerco" que sintieron como una amenaza las autoridades rusas.

---

4   El sucesor de Yeltsin, Putin, no dudó en iniciar una guerra, de 1999 a 2009, y una represión sangrienta (exacerbada por los atentados chechenos en Moscú) contra una Chechenia nuevamente en rebeldía y luego reintegrada como república autónoma en la Federación Rusa.

Las intervenciones militares de Rusia en Georgia[5] en 2008 ya habían suscitado temores respecto al futuro de Ucrania.

Pero, por otro lado, los bombardeos estadounidenses contra Serbia, vecina y amiga de Rusia en la guerra de Kosovo en 1999, intensificaron las preocupaciones de Rusia respecto a Estados Unidos.

La ofensiva "preventiva" de Estados Unidos contra Irak en 2003, que atentó contra el derecho internacional, al igual que la invasión rusa en Ucrania, provocó las críticas de Putin. Más tarde, la extremadamente violenta intervención militar rusa en Siria, que salvó a su vez al déspota Bachad, aplastó la resistencia a su tiranía, eliminó el Estado Islámico y reintegró a Oriente Medio a la rivalidad entre Rusia y los Estados Unidos.

---

5   Incapaz de recuperar el territorio del Cáucaso, Rusia ataca Georgia en 2008 y le arrebata Osetia del Sur y Abjasia, pero no puede adueñarse de todo el país. De esta manera cuenta con bases suficientes para controlar el Cáucaso, incluso a través del conflicto permanente entre Armenia cristiana y Azerbaiyán musulmán.

En lo que respecta el occidente eslavo, desde 1997 se había constituido una alianza rusa-bielorrusa y, aunque no hubo integración, los gobiernos siguieron siendo sistemáticamente prorrusos, pese a las grandes manifestaciones en 2020-2021, que fueron brutalmente reprimidas.

Desde finales del siglo pasado y durante las dos primeras décadas de este siglo, la postura de Ucrania ha sido oscilante e incierta, sujeta a decisiones a menudo prooccidentales, a menudo prorrusas; la situación geopolítica y la importancia económica de Ucrania serían un incentivo determinante para Rusia, contra quien actuaría a su vez como escudo, como para los Estados Unidos, a quien conferiría una gran influencia del lado de su adversario.

En este contexto es donde interviene la revolución prooccidental de Maidan, que suscita inmediatamente la secesión prorrusa de una parte de Donbass, la anexión de Crimea por Rusia y una guerra interna permanente entre la provincia separatista del este y el gobierno ucraniano.

UCRANIA

———

Ucrania es una nación que tiene los mismos orígenes que Rusia, pero que se ha visto históricamente dividida entre Polonia, el Imperio austriaco y más tarde una gran parte de su territorio se integró a la Rusia zarista. Conservó su propia lengua, semejante al ruso, y como en otras naciones esclavizadas, algunos intelectuales crearon en el siglo XIX un movimiento independentista.

Durante los disturbios y las guerras que siguieron a la Revolución de Octubre, Ucrania, bajo el liderazgo del anarquista Makhno, proclamó su independencia, pero fue conquistada por los bolcheviques e incorporada a la URSS.

La URSS permitió que se comunicaran en

su propia lengua y expresaran su folclore, pero
suprimió cualquier atisbo de autonomía. La rica
tierra de Ucrania fue la principal víctima de la
koljosificación forzosa, la deportación masiva
de los kulaks y sobre todo de la gigantesca ham-
bruna de 1931. Esto provocó un enorme resen-
timiento hacia Rusia, lo que explica el aplauso,
filmado por los nazis, de una parte de los habitantes de Kiev a la llegada de las fuerzas armadas alemanas.

Pero lo peor fue que el movimiento independentista ucraniano, exiliado en Alemania, había
unido fuerzas con los nazis bajo el liderazgo de
Bandera, y luego cooperó con la Wehrmacht en
la invasión y ocupación de Ucrania. Estableció
una administración bajo las órdenes de los nazis
y participó en los abusos de los ocupantes, incluida la masacre de los judíos. Vassili Grossman
expresó su pesar cuando supo, durante la liberación de Ucrania de los nazis, que su madre había sido asesinada por los ucranianos.

Según un informe de Serge Klarsfeld, el lema
de los nacionalistas ucranianos colaboradores

de los nazis de Bandera, que se exhibía en las calles de Kiev en 1941 era: *Tus enemigos son Rusia,
Polonia y los judíos.* Bandera incluso proclamó
en 1941, bajo la ocupación de las fuerzas alemanas, una "República ucraniana independiente".
Hubo alistamientos militares de ucranianos en
la Legión Ucraniana; la UPA[6] continuó enfren-
tándose al Ejército Rojo después de la guerra,
hasta su aniquilación en 1954. Hay que decir
por otra parte, que miles de ucranianos se alis-
taron como partidarios contra los ocupantes
alemanes.

Por tanto, es comprensible que los volunta-
rios extranjeros que se alistan por Ucrania en
2022 sean de dos tipos, el primero impulsado
por ideales democráticos, el segundo por ideales fascistas.

Ucrania es independiente desde 1991, tras la
desintegración de la URSS; es una nación extremadamente rica en cultivos de cereales, recur-
sos minerales e industriales. Desde el siglo XIX,

---

6   Ejército insurreccionista ucraniano.

la Rusia zarista la industrializó; en el siglo XX, la Unión Soviética estableció en el Donbass su industria pesada, sus centrales nucleares y pobló esta región con obreros, deportados e ingenieros rusos. La Ucrania, en ese momento independiente, se benefició con esta herencia rusa con lo cual incrementó su desarrollo técnico y económico.

Aunque Rusia sea el agresor evidente, impulsado por un deseo de apropiación, y aunque su comportamiento resulte particularmente destructivo para las personas, los bienes e infraestructuras, desde Maidan, los Estados Unidos han sido los inspiradores de la política ucraniana, presentes en su economía, proporcionándole a su vez la ayuda inestimable de su sistema de información e inteligencia.

Con su situación geopolítica estratégica cerca de Rusia y su patrimonio económico, Ucrania es una presa importante, tanto para la Rusia de Putin, que conserva el sueño de reconstituir el Imperio eslavo, como para Estados Unidos, que de este modo posicionaría la OTAN en las fronteras occidentales de Rusia. De hecho, Ucrania es el foco de dos voluntades imperiales –una que quiere salvaguardar su dominio sobre el mundo eslavo y protegerse de una nación vecina bajo la influencia de Estados Unidos, y otra que insiste en integrar a Ucrania en Occidente y arrebatarle a Rusia el título de superpotencia mundial. Estados Unidos, al debilitar permanentemente a Rusia por medio de Ucrania, eliminaría uno de los obstáculos que interfieren en el mantenimiento de su hegemonía planetaria, quedando solo uno, China.

La Ucrania independiente ha evolucionado mucho, se ha urbanizado y sus costumbres se han occidentalizado. El antijudaísmo popular se ha atenuado, quizá para acentuar el antirrusismo.

El nacionalsocialismo ucraniano es minoritario, aunque el banderismo se ha visto acentuado, pero como independentismo con respecto a Rusia y no como auxiliar de la ocupación alemana.

Al igual que en Rusia, la desnacionalización general de la economía ha beneficiado a una casta de oligarcas y la corrupción se ha extendido por doquier.

Desde la independencia, se han alternado los gobiernos prorrusos y prooccidentales, con una primera revolución "naranja" democrática y prooccidental en 2005; luego, en una serie de elecciones amañadas de diversa índole, Ucrania se planteó una asociación con la Unión Europea, para renunciar a ella en 2013 bajo la presión rusa.

De hecho, tras la sucesión de los presidentes prorrusos y prooccidentales, se desata un conflicto clave, no solo entre la democracia occidentalizada y el despotismo ruso, sino también entre el imperialismo americano y el imperialismo ruso.

La revolución democrática prooccidental de la plaza Maidan de Kiev en 2014, derroca al presidente prorruso Víktor Yanukóvich y refuerza la tendencia a librarse de la tutela rusa, pero también desata la secesión de las regiones rusoparlantes de Donbass y la anexión de Crimea por parte de Rusia. Los acuerdos de Minsk de 2015 entre Rusia y Ucrania, bajo la égida de los principales países occidentales, no lograron poner fin a la guerra que opone los ejércitos ucranianos a las fuerzas separatistas abastecidas y apoyadas por Rusia. Los acuerdos de Minsk no fueron respetados ni por Ucrania ni por Rusia, y la guerra continuó en el frente de Donbass, cobrándose catorce mil vidas hasta 2022. Esta guerra ininterrumpida es un verdadero absceso que se ha vuelto purulento y que ha diseminado su infección.

Era por tanto previsible –como anuncié en un artículo en 2014– que todo esto condujera a una situación explosiva.

El 20 de septiembre de 2019, el candidato aspirante Volodymyr Zelensky fue elegido presidente de Ucrania –a pesar de que su condición de judío era conocida por todos–, no solo gracias a su popularidad como comediante, sino sobre todo por su hostilidad a los partidos y su programa anticorrupción.

Maidan fue un despertar democrático, pero

se exaltó el banderismo. Como recuerda igualmente Serge Klarsfeld:

Una de las primeras medidas tomadas por el gobierno de Kiev tras la revolución de 2014 fue renombrar la larga avenida que conduce al sitio de Babi Yar, que llevaba el nombre "avenida de Moscú", para llamarla "avenida Bandera", cuyos seguidores ayudaron a los nazis en el exterminio de más de 30.000 judíos, hombres, mujeres y niños en el barranco de Babi Yar los días 29 y 30 de septiembre de 1941, cuando las tropas alemanas acompañadas por las *Einsatzgruppen* entraron en Kiev.

El tribunal administrativo del distrito de Kiev había ordenado al ayuntamiento que cancelara el cambio de nombre de las dos calles principales en honor a Stepan Bandera y Roman Shukhevych, que también había sido un asesino de judíos y cuyo nombre figuraba en un estadio en la ciudad de Ternopil. Pero el alcalde de Kiev, Vitaly Klitschko, apeló contra la decisión y el tribunal de apelación falló a su favor.

En Lviv, hace apenas dos años, cientos de

hombres desfilaron con los uniformes de las SS de colaboradores ucranianos en un evento aprobado por la ciudad. Estos últimos años, al menos tres municipios ucranianos inauguraron estatuas en honor al diputado de Bandera, Yaroslav Stetsko quien, durante la Shoah, aprobaba el "exterminio de los judíos".[7]

Además, todavía existe una minoría activa de nacionalsocialistas ucranianos, como el mando del regimiento Azov, quien se distinguió en la guerra civil de Donbass y luego en la épica defensa de Azovstal en Marioupol.

El gobierno ucraniano crea una cortina de humo y utiliza en su guerra los servicios de estos acérrimos enemigos de Rusia, pero no puede identificarse con ellos.

Persiste una complacencia con el banderismo, sobre todo una histeria hipernacionalista antirrusa que prohibió la lengua, la literatura y

_____

7   Arno Klarsfeld, "Ucrania ya no debe glorificar a los nacionalistas que colaboraron", *Le Point,* 11 de septiembre de 2022.

la música rusas –el odio a la cultura de los pueblos enemigos también ha sido uno de los rasgos de la histeria belicista de Alemania.

Ucrania es una presa geopolítica y económica entre dos titanes, que desean apoderarse de
sus considerables riquezas, principalmente industriales y mineras en el Donbass, y energéticas en las gigantescas centrales nucleares cons-
truidas por la Unión Soviética.

Ucrania se ha rearmado desde 2014; se ha beneficiado de la ayuda tecnológica e informática
de Estados Unidos, pero también ha recibido armas y entrenamiento. También tiene la creciente influencia de Estados Unidos, no solo como
proveedor de subsidios y armas, sino también
como controladores de los servicios de información e inteligencia, toma de posesión económica, en particular de una parte de las tierras fér-
tiles de chernozem. El control estadounidense
aumenta con la ayuda económica y militar, que
hace a Ucrania cada vez más dependiente de la
potencia que apoya su independencia.

Podemos suponer que bajo el control estadounidense, cuyo marcado objetivo es "debilitar permanentemente a Rusia", el presidente Zelensky, que inicialmente reconocía que la única solución al conflicto era diplomática, se vuelva cada vez más intransigente y vea como única solución "la victoria".

Dada su complejidad, es evidente que Ucrania debe ser apoyada para lograr su independencia y soberanía nacional.

Ucrania se fortaleció mientras que Putin la creía dividida y debilitada por tener como líder a un comediante que había llegado a la presidencia; estaba convencido de que su composición étnica dual lo convertía en una entidad frágil. También sabía que Estados Unidos, tras retirarse de Afganistán, no podía emprender una nueva aventura militar en una tierra lejana. Aún más, el presidente Biden había declarado oficialmente que en caso de guerra, Estados Unidos no intervendría en Ucrania. Esta declaración sin duda contribuyó a la decisión de Putin de invadir Ucrania. Cabe preguntarse si Biden era consciente de esto mientras hacía esta declaración.

En resumen: si la Rusia de Putin es la autora de esta guerra, lo es al final de un proceso de radicalización recíproca; Putin vio que las naciones de la Unión Europea estaban divididas y las creyó debilitadas debido a unas costumbres "feminizadas" que su virilidad desprecia. Así que, tras haber anexionado Crimea, una península tártara rusificada, en 2014, y tras haber armado las "Repúblicas" secesionistas del este de Ucrania desde 2014, lanzó su ofensiva en 2022, seguro de que podría decapitar a su poder ejecutivo y obtener la rendición de sus ejércitos.

La invasión de Ucrania y su extrema brutalidad sembraron el temor a una hegemonía rusa en el norte de Europa, lo que llevó a los Estados bálticos y a Suecia a ingresar en la OTAN, luego incitó a Ursula von der Leyen, presidenta de la Comunidad Europea, a apoyar las demandas del presidente Zelensky, desencadenó la ayuda económica y militar de las naciones de Europa, totalmente comprometidas en el apoyo incondicional al presidente ucraniano, e impulsó la adopción de sanciones contra Rusia.

LA GUERRA

Existen tres guerras en una: la continuidad de la guerra interna entre poder ucraniano y provincia separatista, la guerra ruso-ucraniana, y una guerra político-económica internacionalizada antirrusa de Occidente liderada por Estados Unidos.

Por una vez, lo previsible se ha hecho realidad: desde 2014, estaba entre los que veía perfilarse una catástrofe en el horizonte; desde finales de 2019, los servicios de inteligencia estadounidenses habían hecho notar que las concentraciones de tropas en la frontera ucraniana anunciaban una ofensiva. Más tarde, el curso de esta guerra resultó impredecible para Putin, y su evolución interna e internacional sigue siendo impredecible para todos, excepto por el enorme peligro que plantea.

En lugar de desencadenar un proceso de desintegración, la invasión rusa desencadenó un proceso integrador en la resistencia al invasor; como sucede a menudo en la Historia, el enemigo refuerza la identidad de una nación. El odio al enemigo es un pegamento de unidad nacional. La unidad ucraniana se ha visto consolidada por el patriotismo gracias a la invasión; en lugar de acentuar las divisiones en Occidente, la invasión rusa las mitigó durante un tiempo.

En lugar de ser una operación militar localizada, ha desatado una guerra económico-política internacional.

El conflicto ruso-ucraniano se ha convertido abiertamente en un enfrentamiento entre Rusia y Occidente.

Es obvio que Putin pensó decapitar a Ucrania lanzando su ofensiva sobre la capital, ya fuere para instaurar un gobierno títere o para anexionarla. Si, según la tesis rusa, hubiera contrarrestado la preparación de un ataque ucraniano contra la región separatista, se habría limitado a desplegar allí sus fuerzas. Sin embargo, está claro que su objetivo inicial era el anexionismo mediante la conquista de Ucrania golpeando su cabeza, Kiev. Pero este objetivo es mucho más evidente tras su fracaso, se refugió en el Donbass y el Sur marítimo, apoderándose fácilmente de Kherson, adueñándose bruscamente de Mykolaïv y apuntando como próximo objetivo a Odessa. Pero ocurrió lo inesperado con las contraofensivas ucranianas liberando la región de Kharkiv, recuperando los territorios en el frente de Donbass y liberando Kherson.

La situación es incierta, pero es poco probable que Rusia pueda ocupar toda Ucrania o que Ucrania pueda invadir Rusia. No podemos evaluar en qué medida las sanciones están afectando la economía y la vida rusa, pues pudieran paralizar algunas actividades y estimular otras. En cualquier caso, tienen un lado negativo, ya que privan a los sancionadores de gas o petróleo y les obligan a imponer restricciones económicas.

De hecho, las sanciones se vuelven parcialmente, pero con dureza, contra los sancionadores, y totalmente contra África y los países pobres dependientes tanto del Este como del Oeste.

En el momento en que escribo estas líneas (principios de noviembre de 2022), no podemos saber si se llevarán a cabo importantes operaciones militares antes o durante el invierno; no podemos saber hasta qué punto la entrada a la guerra de los contingentes rusos movilizados fortalecerá al ejército ruso, ni en qué medida el suministro de armas occidentales cada vez más sofisticadas fortalecerá al ejército ucraniano.

Constatamos con creciente preocupación la continua intensificación, incluyendo las fugas del gasoducto Nord Stream de las que difícilmente se puede culpar a los rusos, el ataque con drones a la flota rusa en Sebastopol, las represalias rusas mediante la destrucción de las infraestructuras energéticas, la extraña explosión en una ciudad fronteriza polaca, el aumento de la violencia verbal, la criminalización creciente del enemigo y el incremento de la histeria belicista.

¿La intensificación de la guerra internacional dentro de Ucrania se extenderá más allá de las fronteras del país hasta llegar a Europa, e incluso más allá de Europa?

El peligro nuclear puede ser calculado de diversas maneras o incluso podría considerarse mínimo, pero no debería descartarse; de hecho, hemos entrado en una coyuntura global exacerbada.

Se ha estrenado una nueva crisis mundial, que ha incluido el bloqueo de materias primas y cereales, la creciente escasez de productos de todo tipo, incluidos los alimentos, la inflación, propiciando por doquier la crisis de las democracias y la generalización de regímenes neoautoritarios y de sociedades sometidas.

Se ha reducido la zona y la era de la dominación estadounidense y más ampliamente occidental. Rusia y China se han encargado de bloquear a Estados Unidos. Asia, África y América Latina se mantienen cautelosamente neutrales.

POR LA PAZ

———

Es asombroso que en una conjunción tan peligrosa cuya gravedad aumenta constantemente, se alcen tan pocas voces en las naciones más expuestas, ante todo en las naciones europeas, a favor de la paz. Es desconcertante ver tan poca conciencia y tan poca voluntad en Europa, sobre todo a la hora de concebir y promover una política pacífica.

Hablar de un cese al fuego, de negociaciones, se considera como una capitulación ignominiosa por parte de los belicistas, que fomentan la guerra que quieren evitar a toda costa.

Recientemente, se han alzado algunas voces conscientes de los puntos ciegos, del odio y las mentiras que nos conducen al abismo, como la de Andrea Riccardi, portavoz de la comunidad de Sant'Egidio. Pero estas se han querido acallar con las atronadoras palabras de los extremistas (¿cuál es el final?) rusos y estadounidenses. Peor aún, la idea misma de la paz es condenada por los medios de comunicación occidentales como "putiniana", "muniquesa", en otras palabras, capituladora. Además, solo se puede hablar de capitulación en el caso de un ejército irremediablemente derrotado, como fue el caso del ejército francés en 1871 y en 1940. Pero en lo que respecta a la guerra actual, sigue existiendo un equilibrio relativo de fuerzas que crea las condiciones objetivas para un compromiso, mientras que las condiciones subjetivas de odio mutuo abocan a la intensificación y agravamiento del conflicto.

Por la parte rusa, sabemos que por más que ansíe reconstruir una Gran Rusia, Putin es lo suficientemente realista como para saber dar marcha atrás. Ya retrocedió en Georgia, conformándose con unas migajas; dio marcha atrás cuando abandonó la conquista de Kiev, al replegarse en Donbass y en una porción de la costa.

Por tanto, es exagerado hitlerizar o estalinizar a Putin. Es cierto que es heredero del zarismo y del estalinismo, pero sin llegar a ser zar ni Stalin. Su cruel despotismo heredado de los despotismos anteriores basta para estigmatizarlo. ¿Es imposible negociar con un déspota? Occidente negoció con Stalin y Mao, y ahora está negociando con Xi Jinping. Sin embargo, repito, Putin es un déspota capaz de ser realista. Un golpe de Estado que lo elimine, quizá traería al poder a los pacíficos, pero más probablemente a los hiperbeligerantes que arremeten abiertamente. No sabemos si será sustituido y superado por ultras incendiarios. Las condiciones para la paz son claras: el reconocimiento de la independencia de Ucrania, ya sea mediante un estatuto de neutralidad, ya sea por su integración en la Unión Europea, y por tanto con una garantía militar. A cambio, la región separatista de Donbass no podría vivir en una soberanía ucraniana, en la que su población de habla rusa viviera oprimida y reprimida: podría ser sometida a un referéndum supervisado internacionalmente, o reconocida por lo que es: históricamente rusificada. Sin embargo, como su importancia económica es considerable para Ucrania, se podría plantear la posibilidad de un condominio ucraniano-ruso sobre su industria. Crimea es una península cuya población fue exiliada a Siberia bajo el mandato de Stalin; una parte regresó y Crimea ha sido más rusa que ucraniana. Su población se componía de un 84% de rusos, un 12% de tártaros, un 4% de ucranianos; la lógica indicaría que debería devolverse a Rusia. Su destino militar debería depender de las negociaciones.

La devastación material sufrida por Ucrania debería ser reparada por medio de una ayuda internacional que incluyera también a Rusia.

Los puertos de Marioupol, Berdiansk, e incluso Odessa, podrían convertirse en puertos libres en territorio ucraniano.

Todo es negociable entre adversarios de igual fuerza, especialmente si ambas partes cuentan en este sentido con el apoyo de Estados que de ambas partes entienden la necesidad y la urgencia de la paz.

Y como ha ocurrido en el pasado, han existido odios aparentemente inexpiables que se han mitigado y reabsorbido con el tiempo, la paz traería el apaciguamiento a largo plazo.

La urgencia es grande: esta guerra está provocando una crisis considerable que agrava y agravará todas las otras enormes crisis de la humanidad en este siglo, entre ellas la crisis ecológica, la crisis económica, la crisis de las civilizaciones y del pensamiento, que agravan y agravarán a su vez los males y la crisis resultante de esta guerra. En 2017, había ochenta millones de personas al borde de la inanición. Luego, tras la pandemia, doscientos setenta y seis millones, y actualmente trescientos cuarenta y cinco millones.

Cuanto más cruenta es la guerra, más difícil es la paz y más urgente.

Evitemos una guerra mundial que sería peor que la anterior.

EPÍLOGO

———

Desde el 7 de octubre, la masacre de Hamás y luego la carnicería israelí en Gaza han recrudecido el conflicto palestino-israelí. Lo cual ha creado un nuevo foco de guerra en el Medio Oriente, que se ha internacionalizado con la protección de Estados Unidos a Israel, las intervenciones indirectas de Irán, las del Hezbolá libanés y las de los hutíes en el Mar Rojo. Nuevamente, proliferan la propaganda y las mentiras de guerra. En nombre de una lucha de la civilización contra la barbarie, Israel aniquila las ciudades de Gaza, causando 25.000 muertes civiles, mujeres y niños, recibiendo por toda respuesta el silencio de los Estados árabes y unas pocas palabras consternadas de Francia.

La inminente necesidad de un Estado palestino es actualmente irrealizable debido a una prolongada colonización represora en Cisjordania, los asesinatos de colonos israelíes y la férrea voluntad de algunos ministros de Netanyahu de expulsar a todos los palestinos que aún permanecen en sus tierras.

La Unión Europea apoya a la misma Ucrania que Rusia ha querido colonizar, pero apoya a Israel, que coloniza a Palestina. A su vez, Zelensky apoya a un Israel colonizador, mientras su país sigue estando bajo amenaza de colonización.

Las noticias occidentales se centran más en los desgarradores testimonios de las víctimas del 7 de octubre y de los familiares de los rehenes (que Israel hasta ahora no ha querido negociar) que en las víctimas palestinas, las destrucciones de hospitales, el hambre y las muertes en Gaza.

Es indiscutible el papel de los Estados Unidos en Israel y en el Medio Oriente, pero se sigue ignorando su imperialismo en Ucrania, importante apuesta estratégica y económica, no solo para el imperialismo ruso, sino también para el imperialismo estadounidense, cuyo objetivo es mantener su poderío militar en la frontera de Rusia con el fin de debilitarla.

En mi libro he mencionado las condiciones para poder alcanzar una paz justa cuando ambos ejércitos enemigos cuentan con igualdad de fuerzas. Desafortunadamente, los Estados Unidos rechazaron hace dos años un acuerdo de paz negociado en Turquía, para seguir apostando por una guerra que servilmente supervisa la Unión Europea.

Sería posible lograr una progresiva pacificación en Israel/Palestina, partiendo del reconocimiento mutuo de ambos Estados, pero no sin la presión internacional y la ocupación temporal de Cisjordania y Gaza por tropas de la ONU.

Por desgracia, me parece que actualmente todo esto ha empeorado. Vivimos la medianoche de este siglo y se avecina una larga oscuridad vocera de nuevos desastres.

Solo un Dios podría salvarnos, decía Heidegger en otras circunstancias. No hay dudas de que es un Dios ciego y sordo.

Quizá debamos esperar lo improbable e inesperado.

EDGAR MORIN
6 de febrero, 2024